AF130846

Frieder Jelen

Mit den Hirten, mit den Weisen, mit dem Stern zur Krippe reisen

Gedichte von Frieder Jelen,
Bilder von Andrea Schnurpfeil

novum pro

Dieses Buch ist auch als
e-book
erhältlich.

www.novumverlag.com

Bibliografische Information
der Deutschen Nationalbibliothek:

Die Deutsche Nationalbibliothek
verzeichnet diese Publikation in
der Deutschen Nationalbibliografie.
Detaillierte bibliografische Daten
sind im Internet über
http://www.d-nb.de abrufbar.

© 2021 novum Verlag

ISBN 978-3-99107-902-6
Lektorat: Mag. Angelika Mählich
Umschlag- und Innenabbildungen:
Antje Jelen, Andrea Schnurpfeil
Umschlaggestaltung, Layout & Satz:
novum Verlag

Gedruckt in der Europäischen Union
auf umweltfreundlichem, chlor- und
säurefrei gebleichtem Papier.

www.novumverlag.com

Inhalt

Vorwort

Wen dieses Buch wohl könnt erfreun?
Kinder, Eltern, Leut' mit Runzeln
nehmt's zum Rezitier'n und Schmunzeln!

Wisset gleich, was euch erwartet,
wenn ihr mit dem Lesen startet,
was im Buch wird dargebracht:

Von dem Fest mögt ihr erfahren,
wie es so vor 1000 Jahren
zuging um die Heil'ge Nacht,
da das Christkind ward geboren,
alle Welt nicht sei verloren,
künden biblische Geschichten.

Auch aus eignen Kindertagen
ist noch manches aufzusagen
und an Wundern zu berichten.

Weihnachtsbräuche damals, heute,
sie erfreu'n noch viele Leute.
Kinderaugen spüren dann,
dass man Glück nicht kaufen kann.

Den Advent zu begehen

Den Advent zu begehen
mit Kalender und Kranz,
diese Zeit zu verstehen,
in Erwartung und Glanz,

mit dem Türchen am Morgen
ein Geheimnis gelüftet,
frisch voran ohne Sorgen
aus dem Dämmern geflüchtet.

Dass die Zeit nicht so rennt,
Licht zu Licht im Advent,
jeden Sonntag ein weit'res
eine Woche lang brennt.

Zeit erwandert sein muss,
ganz gemächlich zu Fuß,
bis beim heiligen Kind
wir in Bethlehem sind.

Ankunft
(Matthäus 21, 1-11)

Advent, so heißt es aufLatein:
ein Lichtlein brennt allein,
sodann die die andern auch.
Das ist ein alter Brauch.

Kommt wer bald mit der Bahn
oder in einem Kahn?
Wer ist es, die da kommt,
die Tante aus Piermont?

Ist eine Wartezeit,
meint: Machet euch bereit!
Wie einst in jenem Land,
das Israel genannt,

als einzog Jesus Christ,
ein Mann ohn' Trug und List,
auf Eselin mit Fohlen,
begrüßt mit Palm und Johlen.

Ein Zeichen stellt dies dar
wie Licht auf dem Altar,
ist Botschaft für die Armen:
Gott wolle sich erbarmen.

Die Reichen macht das sauer,
sie legen sich auf die Lauer.
Sie wollen nichts abgeben,
trachten nach seinem Leben.

Sogar die Überfrommen
nicht in den Himmel kommen,
wenn sie sich nicht erbarmen
und teilen mit den Armen.

Der Erzengel Gabriel
oder Besuch in einer Mädchenkammer

(Lukas 1, 26-56)

Wir Menschen haben Engel gerne,
geflügelt leicht aus Rätselferne
zu dem, der glaubt, auch dieser Zeit,
als Friedenskünder stets bereit.

Sie sind's, die neue Botschaft bringen,
die unsre Welt lässt wieder schwingen.
Bestimmt sind sie des Glaubens Flügel
und tragen über Tal und Hügel.

Sie führen Gott in ihren Namen,
sein Wort zu säen als gold'nen Samen
in unsre off'nen Herzen ein,
damit wir mögen fruchtbar sein.

Denn El heißt Gott bei Micha-el
wie Raffa-el und Gabri-el.
Ob Frau, ob Mann, das ist ganz gleich,
sind Boten aus dem neuen Reich.

Sie kommen aus der Zukunft her
und diese ist noch frisch und leer.
Das alte Böse muss vergeh'n,
damit das Gute kann besteh'n.

Es sind die biblischen Geschichten,
die uns von Gabriel berichten,
wie er Maria hat verkündet,
dass sie sich bald als Mutter findet.

Erschien in ihrer Mädchenkammer,
weil sie zum Acker sei bestellt
für eine neue Frucht der Welt,
dem Heiland gegen Angst und Jammer.

Sie sagt, ich bin die Magd des Herrn,
und dieses Kind will ich gebär'n.
Sie macht uns damit großen Mut,
dass endlich alles wird noch gut.

Maria dankt mit Lobgesang,
ihr Schicksal ist nun nicht mehr bang:

„Meine Seele erhebt den Herrn,
bin seine Magd und diene ihm gern.
Meine Niedrigkeit hat er geseh'n,
für die Armen ist das wunderschön!
Großes hat er an uns getan!
Übt Gewalt mit seiner Rechten,
stößt böse Herrscher von ihrem Thron,
gibt den Geringen Brot und Lohn.
Von Barmherzigkeit ist nun zu singen,
dass mein Kind wird Frieden bringen,
wird Liebe zu den Menschen tragen
in dieser Zeit und allen Tagen.

Kirschzweig und Wintergrün

(zum Tag der St. Barbara am 4. Dezember)

Zur Weihnacht wird das Grün verehrt,
von Kälte nicht und Schnee verzehrt.

Es ist ja nicht das bunte Licht,
was dauert, ist ganz schlicht!

Es ist das sanfte Wintergrün
von Tanne oder Douglasbaum.

Das Höchste, wenn als Weihnachtstraum
die Kirschen schon erblüh'n.

Vielleicht wird die Verheißung wahr:
den Knospenzweig ins Wasserglas am Tag der Barbara.

Es kommt nun eine lange Zeit,
in der uns kaum ein Grün erfreut.

Selbst dann für eine Efeuranke
wir Grünentwöhnte sagen Danke.

Man küsst sich unter'm Mistelstrauch,
das ist ein altbewährter Brauch.

Am Eingang hängt der grüne Zweig,
für Liebende ein Fingerzeig.

Der frische Trieb vom Eibenzweig
zeigt ebenso: nur Liebe bleibt!

Der kleine Nepomuk am 5. Dezember

Am 5. schon heißt's Schuheputzen
das hat nun nicht nur einen Nutzen,

zum Ersten werden die Schuhe rein,
zum Zweiten lernen es die Kinderlein,

zum Dritten sieht es der Nikolaus,
wenn er ganz leise schleicht ums Haus,

um die Kleinen zu begaben.
Auch die Großen soll'n was haben.

Auch sie soll'n ihre Schuhe pflegen,
in die der Alte mag was legen.

Der Nepomuk, nicht mehr so klein,
hilft nun sogar dem Schwesterlein.

Sie können es kaum noch erwarten
und blicken scheu in ihren Garten,

ob sie ihn sehen oder spüren,
entdecken an der Nachbarn Türen.

Doch kam er immer erst zur Nacht.
Da hat sich Nepomuk gedacht,

damit der Niklaus sie auch findet,
er draußen noch ein Licht entzündet

und, um dem Alten Freude zu machen,
ein Tellerchen mit süßen Sachen

ihm an die saub'ren Schuhe stellt,
dem Nikolaus das Herz erhellt.

Geschenke hin, Geschenke her,
das Freudemachen ist viel mehr,

hilft Herzen kräftigen und lenken,
hilft allen, dass wir fröhlich schenken.

Weihnachten heißt shoppen gehn

Weihnachten heißt shoppen gehn,
in die Kaufhausfenster sehn,
an dem Glitzerkram sich laben.
Wer Geld hat, kann alles haben.

Wenn es draußen ist schön dunkel,
Lichterketten, bunt Gefunkel.
Aus Geschäften, mancher Küche
sich vermischen die Gerüche
von Parfüm und Kardamom
unterm Läuten hoch vom Dom.

Ein verrückter Ohrenschmaus
klingt aus Tor und Tür heraus,
durcheinander geh'n die Lieder:
Alle Jahre immer wieder
wie die Alten schon gesungen,
endlich ist das Ross entsprungen,
Jingle Bells und Trommelbube
tönt aus mancher Wirtshausstube.

Woll'n nun an die Lieben denken,
die wir bald zum Fest beschenken.
Das ist doch der Sinn dabei,
dies ist uns nicht einerlei.
Julchen wünscht ein buntes Tuch,
Karlchen sich ein Bilderbuch,
ist ein zuckersüßer Fratz.

Die du beschenkst,
die sind dein Schatz.

Weihnachtsgeschenke

Ohne Geschenke, bitte sehr,
Weihnacht wäre öd und leer!
Wär's ein Fest denn ohne sie
und die Weihnachtsindustrie?

Fiel das Schenken weg, oh weh,
wär's wie Rodeln ohne Schnee!
Ohne Trubel, Kaufrauschrummel
ohne Lust beim Fensterbummel,

Onlinehandel, Postverkehr,
Briefe, Päckchen, kreuz und quer.
Ohne fleiß'gen Weihnachtsmann
käm das Fest bei keinem an.

Ohn' dies alles, frag es weg,
wär' das Fest ein leerer Fleck?
Weiß der Pfarrer denn, wofür
man noch feiern sollte hier?

Wenn ihr fangt zu fragen an,
was man dennoch feiern kann:
Wo in Weihnacht liegt der Witz?
Woran glaubt der kleine Fritz?

Neue Spiele, leck're Sachen,
Dinge, die halt Freude machen,
Schokolade, Gänsebraten?
Was erfreut, das ist zu raten.

Wichtig wäre zu bedenken,
was wir froh einander schenken
und die Liebe uns erhält,
das wär' mehr als Gut und Geld.

Schenken ist ein kleines Teilen
von uns selbst ein winzig' Stück
im Gedenken treu verweilen,
wünschen Segen und viel Glück.

Der Weihnachtsmarkt

Schon von weitem das Gedröhn
von verrückten Schleudersesseln
und von bunten Karussellen,
Ponyreiten, ach, wie schön!

Ist ein Fest für Groß und Klein.
Jeder möchte hier mal sein.
Bratwurst, Krapfen, glühend Wein,
Zuckerwatte schmecken fein.

Als wir damals Kinder waren,
sind wir in die Stadt gefahren.
Jetzt, wo wir erwachsen sind,
zieht's uns wieder hin mit Kind.

Sitzt auf einer Feuerwehr
mit der Glocke hin und her.
Tief verzückt im Lichterschein
läutet es die Weihnacht ein.

Der Christstollen

Buken früher selber Stollen,
Mehl mit Butter gut verquollen,
Zitronat, Rosinen rein,
Sultaninen, oh, wie fein!

Mit dem Wagen dann zum Bäcker,
Leiterwagen wohlgemerkt,
eines Kindes Muskeln stärkt.
In Erwartung zieht es kecker.

Mutter dann den Teig gewickelt
wie man hüllt ein Wickelkind,
Christuskind bei Schaf und Rind,
halt wie alle Babys sind,

wunderschön, ihm tut nichts weh,
glitzert schön wie Licht im Schnee,
Puderzucker draufgestreut,
dass es alle Esser freut.

Mancher sich nun glücklich preist,
wer im Lauf der Weihnachtszeit
in den Feiern weit und breit
viele Sorten hat verspeist.

Hier und da ein Mandelstollen,
mohngerollte manche wollen.
Stollen gar mit süßem Quark
machen Weihnachtsmüde stark.

Quempas

(Quem pastores laudavere ...
Den die Hirten lobten sehre ... zuerst 1460 in Böhmen)

„Den die Hirten lobeten sehre
und die Engel noch viel mehre,
fürcht' euch fürbass nimmer mehre,
euch ist gebor'n ein König der Ehr'n."

Singen solchen Wechselgesang,
dass es keinem sei mehr bang
in der Kirch' zur Weihnachtszeit,
dass wir alle sein bereit.

Aus vier Ecken klingt es frei,
Kurrende, Chöre auch dabei.
Laut und leise soll es gelingen,
bis auf die Straßen muss es klingen.

Kinder laufen von Tür zu Tor,
singen Alten und Einsamen vor
alte Lieder und neue, die schönen,
bis von innen die Herzen tönen

und den Seelen Auftrieb geben,
so wie die Engel zum Himmel streben,
über Trauer und Sorgen heben.
Frieden der Weihnacht zu erleben.

Weihnacht duftet, Weihnacht riecht

Weihnacht duftet, Weihnacht riecht.
Durchs ganze Haus ein Odem kriecht,
der sich tief ins Hirn reinschreibt,
dass er unvergessen bleibt.

Der feinste kommt von Fichtenzweigen.
Douglasien würzen auch und Eiben.
Und sind die Zweige angekokelt,
wird Weihnachtsstimmung hergemogelt.

Die Kerzen bieten eignen Duft,
wenn sie erwärmen laue Luft.
Dazu kommt dann das Plätzchenbacken,
wenn Äpfel in der Röhre knacken.

Ja, Äpfel braten bringt Gerüche,
die besten in der Weihnachtsküche,
und dann zum Fest der Gänsebraten,
wenn er der Köchin wohlgeraten.

Heißt feiern froh mit Herz und Magen,
verkosten Wein, auch Bibelsagen,
durch die man jetzt an Ew'ges rührt,
uns an den Rand des Himmels führt,

zur Engelsbotschaft, Hirt und Herden,
zum Kind im Stall mit Kuh und Zippe,
zum Kind so ärmlich in der Krippe.
Wohlgerüche das Heilige erden.

Der Weihnachtsmann

Herr Nachbar spielt den Weihnachtsmann,
er ist bei unsern Kindern dran.
Mit rotem Mantel, weißem Bart
ist er von nikoläusscher Art.

Man ho, ho, ho von weitem hört,
das hat schon manches Kind betört.
Fühl dich zurück in deine Zeit,
wirst du zum Kind und bist bereit

und hoffst nun, dass er dir was schenkt,
wenn er auch mit der Rute schwenkt.
Und wenn er noch so böse tut,
er ist bei Laune und ist gut.

So ist es auch an jenem Tag,
von dem ich gern erzählen mag.
Schlägt an die Türe poch, poch, poch,
der Hund verkriecht sich in sein Loch.

Zuerst verlangt er, dass wir singen,
eh er uns will die Gaben bringen,
auf die wir sind so sehr erpicht.
Dazu will er noch ein Gedicht.

Daran so mangelt es nun nicht.
Die Kinder können mehr als drei.
Dem Nikolaus wird warm dabei,
ihm läuft der Schweiß aus dem Gesicht.

Es wird ihm heiß unter dem Kleid.
Er habe jetzt nicht so viel Zeit
und müsse heute auch noch weit,
zumal es draußen wieder schneit.

Das Schwitzen er nicht hindern kann,
und lehnt noch an der Heizung an,
darf sich der Hitze nicht erwehren,
weil er doch erst noch muss bescheren.

Wird diese Marter nie vergessen.
Jetzt soll er von den Plätzchen essen,
dann, wie es Brauch, ein Gläschen trinken,
das lässt ihn in die Knie sinken.

Er kann nicht mehr, er muss jetzt raus,
sonst kommt er um, raus aus dem Haus,
raus in die kalte, frische Luft,
raus aus der unerträglich roten Kluft!

Doch hat es ihm auch Spaß gemacht,
zufrieden läuft er in die Nacht.
Und sollt' die ganze Show nichts taugen,
am schönsten war'n die Kinderaugen.

Nikolaus von Myra

(Sankt Nikolaus)

Ein Bischof, der ein guter war,
stand nicht nur groß vor dem Altar.
Sein Erbe schenkte er den Armen,
die da war'n zum Gotterbarmen.

Als Christ verfolgt, das war nicht schön,
im Römerreich 310.
Sein Lebenswerk, das kaum zu lichten,
erzählen heilige Geschichten.

Da hat er eines Armen Mädchen,
Mathilda, Hanna und auch Gretchen,
mit Gold bewahrt vor bösen Freiern.
Sie durften ihre Unschuld feiern.

Als Schiffer einst in Seenot kamen,
um Hilfe riefen ohne Amen,
bracht Nikolaus ihr Schiff zum Hafen.
Drauf konnten sie beruhigt schlafen.

Ganz Myra hatte kaum noch Brot,
rief an den Bischof in der Not.
Der borgte frech von Kaisers Korn.
Die Händler wägten sich verlor'n.
Doch als das Korn kam nach Byzanz,
war ihre Ladung wieder ganz.

Sankt Nikolaus ein Helfer war,
drum ehrt ihn mancher Bildaltar.
Und wer an ihn lieb denken mag:
Dezember sechs sein Todestag.

Lucia

(Zum Tag der Heiligen am 13. Dezember)

Sie ist die Königin des Lichts,
die lange Nacht ein Teil des Nichts,
in die tritt sie in vollem Glanz
und Krone mit dem Lichterkranz.

In Skandinaviens Stadt und Land
mit schönen Mädchen weit bekannt,
sucht man die allerschönste aus,
ein Stolz und Glück für manches Haus.

Die Kerzen Kält' und Dunkel zwingen,
dazu die schönsten Lieder singen,
so feiert man von Jahr zu Jahr
den Tag der Lucia wunderbar,

in Schule und in Kindergarten,
in Kirche und manch großem Saal,
die Feiernden in großer Zahl,
und können Lucia kaum erwarten.

Und Kerzenkinder sie begleiten,
ein Lichtermeer soll sich ausbreiten,
und wenn sie den Gesang anheben,
gefror'ne Seelen wieder leben.

Die Weihnachtspyramide

Die Pyramide strahlt viel Freude aus.
Ihr Licht beleuchtet fahrende Geschichten.
Und die Figuren, die daraus berichten,
im Schattenspiel bevölkern sie das Haus.

Die Wärme dreht sacht den Propeller
und mit mehr Kerzen immer schneller.

Und wieder trägt sie uns vorbei
das Elternpaar, das an der Krippe war,
die Hirten, Könige und andere Gestalten.
Denn wer da mitfährt, ist nicht einerlei,
weil sie die Weihnachtsbilder fest uns halten.

Im Zentrum geistlich aber kreist das Kind
im ernsten nachdenklichen Drehen.

Von ihm einst werden wir erfahren,
wer wir selber sind,
und sei es erst nach vielen Jahren.

Und blasen wir die Kerzen aus,
bleibt alles stehen.

Die Weihnachtskrippe

Schwibbogen gelasert, mit Lichtern bestückt,
elektrisch beleuchtet, wie sind wir entzückt!

Steht im Wald ein einsames Reh,
liegt auf der Tanne glitzernder Schnee.

Mond und Sterne die Szene beleben.
Solche Motive sind etwas daneben.

Fehlt da nicht etwas? Wir kennen die Schliche.
Es fehlt eben noch das Eigentliche.

Im Erzgebirge, in fast jeder Sippe
steht eine handgeschnitzte Krippe,

die zeigt die heiligen Gestalten
mit fein bemalten barocken Falten.

Auch Weihnachtsberge mit Dorf oder Stadt,
in der man selbst einst gefeiert hat.

So geht die Geschichte ins Leben ein.
Das Kind und wir Menschen sind nicht allein,

Maria und Josef, die Hirten und Weisen,
die mit dem Stern zu der Krippe reisen.

Aus der Truhe

(Nussknacker und Räuchermann)

„Holt uns heraus, holt uns heraus!"
So schallt es aus der Truhe Lücken:
„Es ist doch allerhöchste Zeit,
die Weihnachtsstube auszuschmücken!"

„Das Weihnachtsfest ist nicht mehr weit!"
„Befreit uns endlich aus der Kluft,
sind ausgeschlafen, brauchen Luft!
Haben es eilig, sind bereit."

„Ich muss verbreiten Weihnachtsduft",
lässt sich vom Räuchermann vernehmen.
Da sollten wir uns mal bequemen,
bevor es immer lauter ruft.

Und Engel, Zwerge, Nüsseknacker,
der letzte ist ein harter Racker,
rufen lauter jetzt im Chor:
„Heraus, heraus, hervor, hervor!"

Und weiter hebt Geschreie an,
als ausgepackt der Räuchermann:
„Ihr müsst mir meinen Schornstein putzen",
und zeigt auf seinen schwarzen Mund,
„ist voller Ruß bis in den Schlund."

„Nein, ich zuerst", kreischt polternd wacker
der ausgepackte Nüsseknacker:
„Mir sind die Zähne abgenagt,
will, dass ihr sie mir neu beschlagt,
denn ich bring euch den größten Nutzen!"

„Verspreche frommen Nutzen auch",
ertönt's aus Räuchermannes Bauch:
„Ich blas' euch reinigende Düfte
aus Weihrauch in die Weihnachtslüfte,
die tragen euer Lob empor
und rufen Dankbarkeit hervor."

„Willst du uns and're fromm ausstechen?"
Nussknackers Stimme wird jetzt laut,
„denn heilig ist mein Nüssebrechen,
wenn man erst mal den Kern erschaut.
Nach Kern und Inhalt fraget nur,
dann seid ihr auf der rechten Spur!

Aus Kern presst Öl, daraus macht Schein,
dann müsst ihr nicht im Dunkeln sein!
Licht war das erste Schöpfungswort
und führt uns an des Lichtes Ort.
Licht ist des Festes einz'ger Sinn,
es leuchtet zu der Krippe hin."

„So streitet euch doch bitte nicht!
Ich trag als Engel euch das Licht.
Nur Liebe und Gerechtigkeit
soll'n währen bis in Ewigkeit."

Singen unterm Weihnachtsbaum

Singen unterm Weihnachtsbaum
eine Qual war's für die Kleinen!
Schmoren im geschmückten Raum,
warten bis zum Weinen.

Was lag unter'm grünen Tuch,
ein Auto oder Bilderbuch?
Das Singen bremste Spannung aus.
Rauch von Kerzen zog durchs Haus.

Und als wir langsam reiften heran,
hat uns das Singen gutgetan.
Die Lieder haben die Botschaft gebracht,
was einst geschah in der heiligen Nacht.

In Augen spiegelte sich Licht,
so grell wie heute war es nicht.
Omas Augen begannen zu feuchten,
ihr Erinnern fing an zu leuchten.

Sie dachte zurück an ihre Zeit
und wie die Welt in Krieg und Streit
und musste die Heimat gar verlassen
mit Sack und Pack auf fremden Straßen.

Für sie war die Botschaft echt und teuer,
hat sie bewahrt in Wahn und Feuer,
dass Friede auf Erden geschehen mag
am heiligen Tag wie an jedem Tag.

Das Weihnachtsoratorium

Weihnachtliches Musizieren krönen wir mit Bach.
Nach den großen Meisterchören kommt nichts Bess'res nach.

„Jauchzet, frohlocket, auf, preiset die Tage!"
Das reißt uns mit, enthebt aller Klage.

Chor und Orchester, Pauken, Trompeten.
Wuchtiger können wir selber kaum beten.

Spielen dazwischen leise die Hirten,
brechen dann auf, das Kind zu bewirten,
als der Engel die Botschaft gebracht,
flugs nach Bethlehem noch in der Nacht!

Da ist geboren das heilige Kind
in einem Stall bei Esel und Rind.
Stimmen sogar die Engel mit ein,
damit sie uns und auch euch erfreu'n.

„Herrscher des Himmels, erhöre das Lallen!",
singen wir kräftig, Gott soll es gefallen.

Es ist was Großes, das mitzuerleben,
selbst mitzusingen, sich mit zu erheben.

Und dann auch wieder bescheiden und leise
summen wir mit, die innige Weise:

„Ach, mein herzliebes Jesulein,
mach dir ein rein sanft Bettelein,
zu ruh'n in meines Herzens Schrein,
dass ich nicht mehr vergesse dein!"

Das Krippenspiel

Von Kindern wird es aufgeführt,
Erwachsene sind stets berührt.
Alle Eltern sind ganz stolz,
wenn Kleine, die aus ihrem Holz,
im Weihnachtsspiel zu sehen sind.

Maria selbst ist noch ein Kind,
schwanger und mit letzter Kraft
sie's nach Bethlehem grad schafft.

Die Quartiere sind schon alle.
Platz ist nur in einem Stalle.
Bei Esel, Ziege, Schaf und Rind
liegt eine Puppe als Jesuskind.

Alles ging so blitzgeschwind.
Und Maria lieb und fein
singt leise die Weise:
„Josef, lieber Josef mein,
hilf mir wiegen mein Kindelein."

Schlafende Hirten auf dunkler Weide
aufgeschreckt von Engelsfreude,
eingehüllt in dicke Wolle
(immer eine gute Rolle).

Als der Engel Frieden kündet,
mit der Kerze ein Fell entzündet,
geht die frohe Botschaft unter.
Doch die Hirten sind jetzt munter.

Hergezogen aus Wüste und Sand
drauf noch die Könige aus Morgenland,
einem Stern sie auf der Spur,
der noch nie auf ihrer Flur.

Haben Geschenke mitgebracht,
Maria und Josef dies dankbar macht.
Gold, Weihrauch, Myrrhe sind nicht wenig,
doch das Kindlein ist selbst ein König.

Knien nieder in ihrer Pracht,
sehr bemüht, dass niemand lacht.
Die Rolle ist leicht, sie soll'n sich nur neigen,
sie sind im Stimmbruch und müssen schweigen.

Der eine ist lang, der andere klein,
der Dritte passt kaum ins Kostüm hinein,
mit schwarzer Schuhcreme überzogen,
als käm' er grad aus dem Schornstein geflogen.
Hat die Gemeinde heiter gemacht.
Eltern haben laut gelacht.
Schnell nach Haus in Heiliger Nacht!

Die Hirten

Hirtenlieder malen das schön aus:
wie sie schlafen und die Welt ist still
oder Flöte blasen – welch Idyll!

Hirten haben nirgend ein Zuhaus',
müssen stark in jedem Wetter sein,
müssen in das Aug' des Tigers seh'n,
wissen mit dem Messer umzugeh'n.
Hirten haben Münder hart wie Stein.

Hirten trauen selten einem Freund.
Hirten hören weg, wenn einer weint.
Hirten sind Gestalten dunkler Nacht,
werden so wie Lästerer geacht'.

So wie Diebe scheu'n das Tageslicht,
anders waren diese Hirten nicht,
bis nun aufgeschreckt vom Himmelslicht
alle Furcht in ihre Herzen bricht.

D i e s e Hirten, schlimmer als die Sünde,
waren dann die ersten bei dem Kinde.
(Ohne Ärger ist das nur für die,
die nicht besser dünken sich als sie).

Die Glocken

Dass Glocken hin zur Kirche locken,
nicht ist es ihre einzige Funktion,
Gebets- und Sterbeglocken waren sie einst schon,
warnten vor dem Feuer und dem Feind.

Missbraucht zur Todesindustrie
gar manche Glocke laut aufschrie,
als Deutsche noch nicht so weit waren,
zu fordern: „Schwerter zu Pflugscharen!"

Jetzt aber rufen Glocken froh vereint
uns feierlich zum Weihnachtssingen,
dass wir dem Höchsten Lieder bringen,
weil er im Kind wird mit uns Freund.

Der Glockenklang macht weit den Raum.
Die Kirchenfenster sind erhellt,
beleuchten eine dunkle Welt.
Und drinnen grünt der Hoffnungsbaum.

Und Alte, Junge innig singen:
Süßer Glocken nie erklingen
als zu der heil'gen Weihnachtszeit,
zu feiern fröhlich Fried und Freud.

Der Christbaum ist der schönste Baum

Mit Kerzen bestückt zur Kinderzeit,
bei uns muss das sein noch immer,
erzeugt so heimeligen Schimmer,
Stromlichter draußen, wenn's stürmt oder schneit.

Baumdekoriert wird jede Stadt,
die einen Markt in der Mitte hat,
Kneipe und Kirche und jedes Haus.
Keiner kommt ohne den Christbaum aus.

In Wäldern werden Plantagen gepflanzt,
wo Weihnachten Hase mit Igel tanzt.
Schneisen, durch die der Kyrill getobt,
sind nunmehr mit Nordmanns Tanne verlobt.

Christbäume bislang vor allem aus Fichte.
Die Fichte geht wegen der Hitze zunichte.
Wenn weiter noch giftige Gase walten.
so lässt sich ihre Art nicht halten.

Nach Trockenzeiten immer krasser,
den Flachwurzelbäumen fehlt das Wasser.
Die Wälder werden nun umgebaut,
man bald auf Palmenwedel schaut.

Die irrste Lösung besonderer Kaste
sind Weihnachtsbäume aus grüner Plaste.
Das führt uns zu der Frage hin:
Was war denn mal des Baumes Sinn?

Das frische Grün heißt neues Leben.
Als Maibaum einst die Fichte stand,
bebändert bunt sah sie ins Land.
Und Paare tanzten dicht daneben.

Und Kinder spielten Ringelreihen,
die ganze Welt sollt' sich erneuen.
Und kletterten bis in die Krone
und pflückten Bonbons sich zum Lohne.

Auch Weihnachtsbäume überraschen,
so mancher trägt etwas zum Naschen.
Und was sich in alter Sage find':
Im Christbaumwipfel schläft das Kind.

Heiligabend im Weltkrieg 1914

Mond beschien beschneites Niemandsland.
Über Gräben wundersamer Lichtschein stand
von Laternen, Fackeln, einem Weihnachtbaum,
für Soldatenaugen wie ein Traum.

Sollten diese Nacht besonders wachsam sein,
die Gefahr wär' groß, der Feind fiel ein,
Generäle brüll'n auf beiden Seiten:
„Wachen aufstell'n und auf Angriff vorbereiten!"

La Chapelle-d'Armentiéres um Mitternacht
hatten wie einst Hirten auf dem Feld gewacht,
ob nicht doch ein Wunder mal erschien,
sahen plötzlich diese Lichter glüh'n,

hörten nun Gesänge, leise erst, dann laut,
und jetzt haben viele sich getraut:
„Stille, heilige Nacht" zuerst gesungen,
dann von and'rer Seit ein weit'res Lied erklungen.

Deutsche kannten diese Melodie:
„Herbei, oh Ihr Gläubigen", schmetterten sie.
Französisch, englisch schallte der Choral,
mitgerissen ward sogar der Corporal.

Krochen nun aus ihren Schützengräben
ohne Furcht ums eig'ne Leben,
robbten ran bis an den Stacheldraht,
und Geschenke hatten sie parat:

Zigaretten die Deutschen, Franzosen Wein,
gaben sich Feuer, schenkten sich ein,
sangen ein zweites Mal die Lieder,
wurden dadurch Weihnachtsbrüder.

Weihnachten kann Krieg beenden,
wir uns zueinander wenden.
War die Kraft der besonderen Nacht,
die aus Feinden Freunde gemacht.

Am Weihnachtsbaum die Lichter brennen oder Heiligabend im Krankenhaus

Noch halb im Schlaf nach schwerer OP,
im Rausch der Narkose, nichts tut mehr weh,
liegt Vater Alfred in seinem Bett.
Die Schwestern sind ganz furchtbar nett.

Da es nun Heiliger Abend ist
und der Patient wie in der Fremde,
dazu in einem fremden Hemde,
wünscht er sich her den heiligen Christ.

Nun dringts ganz leise an sein Ohr
und schwillt heran zum vollen Chor
ein Lied, das wie im Traum erklingt,
und er es mit im Geiste singt:

„Am Weihnachtsbaum die Lichter brennen."
Er kann euch alle Strophen nennen.
„Zwei Engel sind hereingetreten."
Er sieht sie wirklich bei sich beten

und singen noch: „Komm, Herre Christ",
glaubt er, dass er im Himmel ist.
Sieht Lichter hell in aller Pracht.
So eine wunderbare Nacht!

Er ist am Festtag aufgewacht
und ist erstaunt, dass er noch lebt
und gar nicht bei den Engeln schwebt.
Da hat von Herzen er gelacht:

Das Leben geschenkt zum Weihnachtstag,
kein bess'res Geschenk er bekommen mag.
Die riesige Freude muss aus ihm heraus,
dankt seinen Engeln im Krankenhaus.

„Als Leib und Seele saßen in ihrem größten Leid"

(Paul Gerhardt, Wie soll ich dich empfangen)

Der Alte, der kein Weib mehr hat,
die Frau, die krank und lebenssatt,
zur Weihnacht ist es schlimm allein.
Denk, wer muss alles einsam sein?

Und schleicht die Angst vorm Sterben ran,
dann ist ein Trost recht schwer getan.
Und ist das letzte Feld bestellt,
wird heller uns die and're Welt.

Die Kranke möcht noch Liebste sehn
und Menschen, die zu einem steh'n,
sucht Engel, die mit Flügelwind
die Tränen trocknen, die da sind.

Vergesst doch nicht, was Christ gewollt,
dass ihr an diese denken sollt!
Wen fremdes Leid mocht' rühren an,
der hat es auch für ihn getan.

Lütten Wiehnacht

Ist ein Brauch an Pommerns Küsten,
wär' doch schön, wenn's viele wüssten,
denn er gilt dem lieben Tier,
dass vergessen würde schier.

Fallada hat's schön berichtet,
von dem Nebel, der sich lichtet,
wenn der Wind um's Kap wüst kracht;
haben Jungen sich gedacht,

dass sie eine Fichte klauen,
ängstlich nach dem Förster schauen,
der die Bäume überwacht,
sonderlich vor Heilig' Nacht.

Nehmen Säge und ein Beil,
schleichen sich in sachter Eil
mit der ausgesuchten Fichte
an den Strand im letzten Lichte.

Steht dort schon ein großer Baum,
ihren Augen sie nicht trau'n,
als des Försters Hündchen bellt,
und er selbst ein Bäumchen hält.

Kerzen hat er aufgesteckt
und die Möwen aufgeschreckt,
graue Gänse drüber schrei'n,
soll'n sich an den Lichtern freu'n.

Schimpft nicht mit den Jungs, den frechen:
„Ihr könnt mich so nicht ausstechen
mit der Krücke für die Tiere
aus dem staatlichen Reviere.

Nehmt sie mit zu euren Schafen,
die in eurer Scheune schlafen!
Alle Tiere, selbst die Raben,
woll'n zur Weihnacht Freude haben."

Schön, wenn man im Walde geht,
auf 'ner Wiese, auf 'nem Boot
ein Bäumchen steht
mit Speck und Brot,
eingedenk der Tiere Not.

Der Wilde Jäger oder Odins Ritt
(in Pommern der Wode)

Wer nicht aufpasst, den reißt's mit.
Niemand hält mit ihnen Schritt,
Jäger auf dem weißen Ross,
Feuerhunde, großer Tross.

In den Zwölften Wilde Jagd,
Odins Ritt nach alter Sag.
Schließe Haus und Halle zu,
so nur lässt er dich in Ruh!

Weihnachten bis Neujahrstag
niemand Wäsche hängen mag.
Auch ums Haus rum ist es bange,
fegt die Höschen von der Stange.

Niemand hält mit Odin Schritt,
nimmt sogar die Toten mit.
Diese Zwölften sind verschrien,
Gräber weitre nach sich zieh'n.

Schilfdachhäuser wahr'n die Sitte,
man in Windbretts steiler Mitte
Pferdeköpfe kreuzen lässt.
Haus ist so ein sich'res Nest.

Aber draußen im Gebreit
ist denn keiner nicht gefeit.
Hörn die Stürme, bis es tagt,
diese böse wilde Jagd.

Trifft dich einsam auf den Straßen
oder gar beim Autorasen,
trifft dich mit der Peitsche Schnur
und verpasst dir eine Schur.

Drum sein Ruf auf Steig und Steg:
„Hoho, hallo, hoho, hallo,
halt den Mittelweg, halt den Mittelweg!"
Trifft er dich nicht, dann sei nur froh!

Freut euch!

„Und der Engel sprach zu ihnen: Fürchtet euch nicht! Siehe, ich verkündige euch große Freude, die allem Volk widerfahren wird, denn euch ist heute der Heiland geboren ...
Und alsbald war da bei dem Engel die Menge der himmlischen Heerscharen, die lobten Gott und sprachen: „Ehre sei Gott in der Höhe und Friede auf Erden bei den Menschen seines Wohlgefallens."
(Lukas, Kap. 2)

Die Engel loben, wir sollen uns freuen,
ein Mensch ist geboren, die Welt zu erneuen.
Die Engel schweben ein von ganz oben,
Auf Erden immer noch Kriege toben.

Wenn solche Freude bestellt neu die Erde,
reift gute Frucht, dass Weihnachten werde.
Ein Mensch des Friedens geboren ist,
der lang ersehnte Jesus Christ.

Ein neu' Gebot hat er gebracht,
das einzig leuchtet in der Nacht:
Ihr sollt die Menschen lieben all!
D a s ist das Licht aus jenem Stall.

Den Schwachen will er nahe sein,
wen dürstet, schenkt er reichlich ein,
die hungert nach Gerechtigkeit
soll'n freuen sich trotz Not und Leid.

Den Armen er die Würde gibt,
Barmherz'ge er von Herzen liebt.
Durch sein Wirken freundlich und rein,
lädt er in seinen Himmel ein:

„Singt wie die Engel, fürchtet euch nicht,
schafft neues Leben, ihr seid das Licht!
Ihr seid die Leuchter, das Licht der Welt,
werdet zur Menschheit, die mir gefällt!

Bringet Frieden Schritt für Schritt!
Fürchtet euch nicht, ich gehe mit!
In euch will ich geboren sein,
so zieht in euch die Freude ein."

Feiern angesichts des Übels in der Welt

Viele Übel kaum zu nennen,
mehr vermögen wir auch nicht.
Alle Welt wird weiter rennen
hin zum Wohlstand und zum Licht.

Viele Menschen leiden Not
fliehen vor Gewalt und Tod,
suchen Heil im fremden Land,
wo's viel Glitzer gibt und Tand.

Schinden so die Erde schwer,
Menschen wollen immer mehr:
Luxus, Reisen, Nahrung, Spiel,
brauchen's kaum, es ist zu viel.

Maß verringern müssten wir,
was die Erde nicht so drückt.
Mehr verzichten könnten wir,
doch die Menschheit bleibt verrückt.

Friedenshoffnung weiter gilt,
bis sie endlich wird erfüllt.
Alle Menschen, Groß und Klein,
sollen eingeladen sein.

Könnten mehr als nur bedauern.
Ist doch schon ein guter Mut,
wenn man was im Stillen tut,
einreißt alle bösen Mauern,

die aus Neid und Hass besteh'n.
Woll'n dem Nächsten Helfer sein,
und so werden wir es sehn:
Niemand bleibt hier ganz allein.

Lasst uns mutig feiern so,
freuen uns mit Herz und Bauch,
denn wenn wir nicht wären froh,
blieben uns die Übel auch!

Die Weisen aus dem Morgenland

(Matthäus, Kap. 2)

Was wir von ihnen lernen sollen,
ist, dass wir falscher Macht nicht trauen
und auf solche Macht nicht bauen.

Als die Weisen Herodes befragen,
was bedeutet wohl dieser Stern,
dem sie gefolgt aus östlicher Fern,
sollen es ihm die Gelehrten sagen.

„Einen neuen König meldet der Stern?
Den hätt' das arme Volk wohl gern!"
Dem Herodes hat's Angst gemacht,
bevor er sich ins Fäustchen lacht.

Die Weisen können noch nicht durchschauen
die List des Schlitzohrs, des wüsten und schlauen,
nachdem seine Ratgeber dazu meinen,
ein Friedefürst würde erscheinen
in Bethlehem-Stadt, der kleinen.

Herodes nutzt der Römer Krieg,
selbst Profiteur von ihrem Sieg,
verliebt in seine kleine Macht.
Doch solche Macht ist immer geraubt,
und wer da klug ist, ihr nicht glaubt.

Die Weisen finden bald das Kind
in Bethlehem bei Schaf und Rind.
Es ist so arm, die Tiere dürre.
Sie schenken ihm Gold, Weihrauch und auch Myrrhe,
wie die Geschichte uns berichtet,
wobei sie da ein wenig dichtet.

Und träumen in der nächsten Nacht,
was Herodes führt im Schilde,
zu morden die Kinder im ganzen Gefilde,
um sicher das Königskind auch zu töten.

Entkommen die Weisen so schrecklichen Nöten?
Ein Traum hat ihnen die Weisung gegeben,
sich nicht zu Herodes zurück zu begeben,

Das hat die Weisen berühmt gemacht.
Wir lassen sie hoch und heilig leben
mit ihrem Stern in funkelnder Pracht.

Josefs Träume

(Matthäus, Kap. 2)

Echte Träume öffnen Räume,
keineswegs zurückgewandt.
Josefs Träume vorwärtsweisen,
denn ein Engel sagt ihm leise:
„Nimm Maria an die Hand,
kümmre dich um ihren Sohn!"
Und sein Engel führt sie schon.

Als Herodes, der Despot,
fürchtet dumpf um seine Macht,
hat er bös ans Jesuskind
und die andern auch gedacht.

Bringt so Bethlehem den Tod.
Da erfolgt des Engels Rat,
hochwillkommen vor der Tat:
„Fliehet nach Ägyptenland!"

Als der Wüterich selbst tot:
„Kehrt zurück ins Heimatland!
Ihr nach Nazareth euch müht,
pflanzt des Weines gold'ne Reben,
denn der allerschönste Traum
blüht dem neuen Leben!"

Silvester: entweder – oder?

Geh'n Silvester hin, wo's knallt,
oder still durch einen Wald?

Feuerwerk und Böllerschüsse
oder knacken lieber Nüsse?

Kuscheln rein ins neue Jahr
oder saufen an der Bar?

Gießen Blei in heißes Feuer,
ob ein Schwein, ein Ungeheuer

uns das nächste Jahr bestimmt,
was uns freut und was verstimmt?

Sehen uns ein Drama an
oder klar: Dinner for One?

Wenn wir auf die Pauke hauen,
mögen unsre Herzen tauen!

Wenn das alte Jahr will schwinden,
woll'n wir allen Frust verwinden.

Ist's egal, was tun und wie?
Hör'n die 9. Sinfonie?

Freude schöner Götterfunken
oder lieber sektbetrunken?

Schwestern, Brüder, Himmelszelt
oder Krieg in aller Welt?

Jedes Jahr ein neuer Putsch?
Besser ist ein guter Rutsch!

Springende Weihnachtsmänner und Engel

Gleich nach dem Fest die Vierschanzentournee,
egal, ob tiefer oder gar kein Schnee,
sportlicher Höhepunkt des Jahr's
in Garmisch oder Innsbruck war's.

Mich träumte schon als Kind vom Fliegen,
auch wenn es gar nicht ging ums Siegen.
Sich einfach in die Höhe heben,
wie Segler über Türmen schweben,

so wie ein gelber Schmetterling
die Alpen überquert, was Ding!
Noch höher als von einer Schanze,
ganz ohne Ski ging es aufs Ganze.

Träumte auch von lust'gen Gestalten,
die rot bemäntelt mit tiefen Falten
unter blinkenden Nikolausmützen
und dichten weißen Bärten schwitzten.

Sie sprangen ab vom Schanzentisch,
flogen lustig wie zappelnder Fisch,
und schossen wilde Purzelbäume.
Ich merkte gar nicht, dass ich träumte.

Versuchten die Schwerkraft zu besiegen.
Das ist doch wohl der Grund zum Fliegen.
Jedoch mit Säcken und schweren Geschenken
mussten sie zurück auf die Erde lenken.

Und erst Goldengel, die hernach kamen,
fielen nun gänzlich aus dem Rahmen,
vermochten aus nichts als Liebe zu fliegen.
konnten die Schwerkraft spielend besiegen.

Die feiernde Menge schrie Hurra,
als sie den Schwarm der Engel sah.
Und dies geschah zum Neujahrsspringen,
auf dass wir das neue wie Engel verbringen!

Mache dich auf und werde Licht! – Drei Könige

(am Dreikönigstag oder Epiphanias, was Erscheinung des
Herrn bedeutet, aber auch: Ihr seid das Licht, Matth., 5,14)

Tief muss man im Dunkel stecken,
endlich sich nach Licht zu strecken,

weite finst're Wege gehn,
um das echte Licht zu sehn,

wie die Weisen aus dem Osten
unbekanntes Licht auskosten.

Bald im Westen, Süden, Norden
sind aus Weisen Könige geworden:

Caspar, Melchior, Balthasar
verkünden dir ein glücklich' Jahr

mit Kreidekreuz an Hauses Tür.
Sternensinger steh'n dafür.

Tragen Stern, auf Köpfen Kronen,
dass wir sie alsbald belohnen.

Auch gibt's schöne alte Sprüche
aus der Sprüchemacher-Küche:

„Dreikönigsabend hell und klar
bringt dem Wein ein gutes Jahr."

„Dreikönigstag und noch kein Winter,
folgt dann keiner mehr dahinter."

Und ob Mährlein mehr noch sagen,
musst am Ende dich mal fragen,

ob ein Licht willst selber tragen
in die dunkelsten von Tagen:

Bist du selbst ein Morgenstern,
leuchtest Menschen nah und fern?

Mach dich auf und werde Licht
wie es aus den Wolken bricht!

Abschied von der Weihnacht

Ausgedienter Weihnachtsbaum,
wieder ist er aus, der Traum.
Kugeln, Zapfen, altes Glas,
mundgeblas'ner Glitzerspaß.
Manches hat ganz tiefen Sinn,
weist uns auf die Krippe hin
wie die Sterne aus hellem Stroh.
Andres macht die Kinder froh,
wenn sie selber es entdeckt
und nach Schokolade schmeckt.
Zuckerkringel aus Fondant
lieben wir ein Leben lang.
Bunte Vögel, Weihnachtswachtel
rein nun in die Weihnachtsschachtel!
Da der Baum schon furchtbar nadelt
und die Hausfrau schimpft und tadelt,
muss er raus aus unserm Haus.
Stube sieht ganz kahl nun aus.

Doch damit ist noch nicht Schluss,
er zum Sammelplatz jetzt muss.
Hier gibts einen neuen Brauch
gegen angefress'nen Bauch
von den vielen leck'ren Speisen.
Alle dürfen es beweisen:
um zu heilen uns vom Essen,
uns im Tannenweitwurf messen.

Doch danach gleich wieder eine
eine Bratwurst, eine kleine,
und dazu geglühter Wein,
wärmt die Glieder und schmeckt fein.
Dass man's sieht im ganzen Land,
wird der Haufen angebrannt.
Schaut, ihr Leute, schaut mal her,
Brand legt hier die Feuerwehr!
Weil es so gemütlich war:
Wiedersehn im nächsten Jahr!

Nachwort

Mit gutem Grund ist die Weihnachtszeit hierzulande eine wundervolle Zeit und das Weihnachtsfest das schönste Fest aller Feste, ein Fest, das uns in einer viel zu rationalen und konsumorientierten Welt noch immer verzaubern kann.
Es geht zurück auf Geschichten, die wir im Neuen Testament der Bibel, jeweils in den ersten beiden Kapiteln der Evangelien von Matthäus und Lukas finden.

Inzwischen hat sich aber auch ungeheuer viel an schönem Brauchtum, Literatur, Musik und Liedern dazugesellt. Manches würdigt das Ursprüngliche nur indirekt. Aber alles gibt dem Weihnachtsfest den Glanz und die Bedeutung, die es verdient. Schon das Neue Testament selbst hatte die ersten Legendenbildungen aufgenommen, z. B. wenn geschildert wird, wie der Erzengel Gabriel Maria ihre Schwangerschaft ankündigt oder wenn von der Wanderung nach Bethlehem und der Zuflucht ihrer Familie in einem Stall berichtet wird, weil sich für die Geburt Jesu keine Herberge finden lässt. Bethlehem ist überfüllt, da gerade eine Volkszählung in ganz Judäa stattfindet. Die Hirten auf einer Weide in der Umgebung hören den Friedensgesang der Engel und dürfen sodann die ersten Besucher an der Futterkrippe sein, in die der kleine Jesus gebettet wurde.

Enthalten ist im Neuen Testament auch die Erzählung von einer Verfolgung des neugeborenen Kindes. Die Weisen aus dem Morgenland, die einem neuen Stern nach Judäa gefolgt sind, verraten dem listigen König Herodes jedoch nicht den

Ort der Geburt, denn sie haben geträumt, dass er dem Kind aus dem Königsgeschlecht Davids nach dem Leben trachten würde. Dem nun zu befürchtenden Massaker an allen Kindern in Bethlehem kommt die kleine Familie mit ihrer Flucht nach Ägypten zuvor.

Alle diese Erzählungen haben eine Verankerung in der römischen Geschichte. Es ist die Zeit des Kaisers Augustus.

Hätten wir diese Erzählungen nicht, könnten wir uns nur an einer von ihrem Ursprung losgelösten Folklore erfreuen. Aber gäbe es die dann überhaupt? Es gäbe auch nicht das wunderbare Weihnachtsoratorium von Johann Sebastian Bach oder andere Werke und Bilder der Weltkultur, die sich eng an die Bibel halten.

In jedem Volk unserer Erde, in dem das Christentum später Fuß gefasst hatte, wurden die biblischen Geschichten auf eigene Art weitererzählt und angereichert. Zum Beispiel: In Bethlehem, im jüdischen Land, gab es keinen Schnee, der aber in unseren deutschen Erzählungen und Liedern glitzernd eine Rolle spielt. Bei uns ist es Winter. Dass wir Weihnachten in dieser Jahreszeit feiern, hat aber allein damit zu tun, dass in der römischen Welt vor 2000 Jahren zur Wintersonnenwende die Geburt des siegreichen Sonnengottes gefeiert wurde. Als sich der christliche Glaube durchsetzte, wurde Jesus zur Lichtgestalt. So ergab sich ein neuer Sinn in der Verehrung auch des geistlichen Lichtes, das Jesus Christus in die Welt gebracht hat. Darum auch wird die Geburt Jesu in der dunkelsten Zeit gefeiert. Und weil es in unserer realen Welt so viel menschliche Kälte gibt, suchen wir die Wärme, die Weihnachten reichlich zu schenken vermag.

Weihnachten kann jedem etwas geben, ob er „gläubig" ist oder nicht. So ist es doch ganz wunderbar, wenn Alt und Jung in der Familie oder auch anderswo zusammenrücken, süße

Lebkuchen knabbern, sich beschenken und unterm Christbaum fröhliche und besinnliche Lieder singen. Man sollte sich auch die schönsten Weihnachtsgeschichten vorlesen und gemeinsam gute Weihnachtsfilme ansehen. Dergleichen macht Weihnachten zum Familienfest. Und draußen auf den Weihnachtsmärkten darf es gar zum Volksfest werden. Für Weihnachtsfeiern bei Alt und Jung sind immer wieder auch neue Gedichte und Bilder eine schöne Bereicherung. Gern möchten wir mit unserem Büchlein zu all dem beitragen.

Frieder Jelen und Andrea Schnurpfeil

HERZ FÜR AUTOREN A HEART FOR AUTHORS À L'ÉCOUTE DES AUTEURS MIA KAPΔIA ΓΙΑ ΣΥΓΓ
HJÄRTA FÖR FÖRFATTARE UN CORAZÓN POR LOS AUTORES YAZARLARIMIZA GÖNÜL VERELIM SZ
ORE PER AUTORI ET HJERTE FOR FORFATTERE EEN HART VOOR SCHRIJVERS TEMOS OS AUTO
ZÖINKÉRT SERCE DLA AUTORÓW EIN HERZ FÜR AUTOREN A HEART FOR AUTHORS À L'ÉCOL
RAÇÃO BCEЙ ДУШОЙ К АВТОРАМ ETT HJÄRTA FÖR FÖRFATTARE Á LA ESCUCHA DE LOS AUTO
EURS MIA KAPΔIA ΓΙΑ ΣΥΓΓΡΑΦΕΙΣ UN CUORE PER AUTORI ET HJERTE FOR FORFATTERE EEN
ARLARIMIZ PER AUTORI ZERZÖINKÉRT SERCE DLA AUTORÓW EIN HERZ FÜ
SCHR S OS A ORAÇÃO BCEЙ ДУШОЙ К АВТОРАМ ETT HJÄRTA FÖ

Der Autor

Frieder Jelen wurde 1943 in Kittlitz, Deutschland, geboren. Nach dem Sonderabitur an der Universität Greifswald und dem Studium der Theologie ebendort war der Autor als Assistent am Ökumenischen Institut der Evangelischen Kirchen in Berlin beschäftigt. Schließlich wurde er persönlicher Assistent des Bischofs zu Greifswald, um danach als Pfarrer auf Rügen tätig zu sein. Ab 1989 schlug Jelen auch die politische Laufbahn ein: Eintritt in die DDR-CDU, hernach Mitglied der ersten frei-gewählten Volkskammer der DDR, Mitglied des Landtags von Mecklenburg-Vorpommern, 1993/94 Umweltminister ebenda, 2000 bis 2008 Landrat des Landkreises Demmin. Sozusagen nebenbei ver-öffentlichte Frieder Jelen einige Gedichtbände, der erste war „Garten mein Verlies, Gedichte, Stock und Stein" im Jahre 1997.

Der Autor lebt in Mönchgut, ist verheiratet, Vater zweier Kinder und Großvater von vier Enkeln.